I DID MY HOMEWORK IN MY HEAD

(AND OTHER WACKY THINGS STUDENTS SAY)

THIS JOURNAL BELONGS TO:

_____

NAME: _____ DATE: _____

GRADE: _____ WHERE?: _____

"

....
....
....
....
....
"
....

NAME: _____ DATE: _____

GRADE: _____ WHERE?: _____

"

....
....
....
....
....
"
....

NAME: _____ DATE: _____

GRADE: _____ WHERE?: _____

"

"

NAME: _____ DATE: _____

GRADE: _____ WHERE?: _____

"

"

NAME: _____ DATE: _____

GRADE: _____ WHERE?: _____

"

"

NAME: _____ DATE: _____

GRADE: _____ WHERE?: _____

"

"

NAME: _____ DATE: _____

GRADE: _____ WHERE?: _____

"

-- **"**

NAME: _____ DATE: _____

GRADE: _____ WHERE?: _____

"

-- **"**

NAME: _____ DATE: _____

GRADE: _____ WHERE?: _____

"

                                              "

NAME: _____ DATE: _____

GRADE: _____ WHERE?: _____

"

                                              "

NAME: _____ DATE: _____

GRADE: _____ WHERE?: _____

"

"

NAME: _____ DATE: _____

GRADE: _____ WHERE?: _____

"

"

NAME: _____ DATE: _____

GRADE: _____ WHERE?: _____

"

-- **"**

NAME: _____ DATE: _____

GRADE: _____ WHERE?: _____

"

-- **"**

NAME: _____ DATE: _____

GRADE: _____ WHERE?: _____

"

"

NAME: _____ DATE: _____

GRADE: _____ WHERE?: _____

"

"

NAME: _____ DATE: _____

GRADE: _____ WHERE?: _____

"

"

NAME: _____ DATE: _____

GRADE: _____ WHERE?: _____

"

"

NAME: _____ DATE: _____

GRADE: _____ WHERE?: _____

"

"

NAME: _____ DATE: _____

GRADE: _____ WHERE?: _____

"

"

NAME: _____ DATE: _____

GRADE: _____ WHERE?: _____

"

"

NAME: _____ DATE: _____

GRADE: _____ WHERE?: _____

"

"

NAME: _____ DATE: _____

GRADE: _____ WHERE?: _____

"

"

NAME: _____ DATE: _____

GRADE: _____ WHERE?: _____

"

"

NAME: _____ DATE: _____

GRADE: _____ WHERE?: _____

"

-- **"**

NAME: _____ DATE: _____

GRADE: _____ WHERE?: _____

"

-- **"**

NAME: _____ DATE: _____

GRADE: _____ WHERE?: _____

"

"

NAME: _____ DATE: _____

GRADE: _____ WHERE?: _____

"

"

NAME: _____ DATE: _____

GRADE: _____ WHERE?: _____

"

"

NAME: _____ DATE: _____

GRADE: _____ WHERE?: _____

"

"

NAME: _____ DATE: _____

GRADE: _____ WHERE?: _____

"

"

NAME: _____ DATE: _____

GRADE: _____ WHERE?: _____

"

"

NAME: _____ DATE: _____

GRADE: _____ WHERE?: _____

"

"

NAME: _____ DATE: _____

GRADE: _____ WHERE?: _____

"

"

NAME: _____ DATE: _____

GRADE: _____ WHERE?: _____

"

"

NAME: _____ DATE: _____

GRADE: _____ WHERE?: _____

"

"

NAME: _____ DATE: _____

GRADE: _____ WHERE?: _____

"

"

NAME: _____ DATE: _____

GRADE: _____ WHERE?: _____

"

"

NAME: _____ DATE: _____

GRADE: _____ WHERE?: _____

"

                                        "

NAME: _____ DATE: _____

GRADE: _____ WHERE?: _____

"

                                        "

NAME: _____ DATE: _____

GRADE: _____ WHERE?: _____

"

"

NAME: _____ DATE: _____

GRADE: _____ WHERE?: _____

"

"

NAME: _____ DATE: _____

GRADE: _____ WHERE?: _____

"

"

NAME: _____ DATE: _____

GRADE: _____ WHERE?: _____

"

"

NAME: _____ DATE: _____

GRADE: _____ WHERE?: _____

"

"

NAME: _____ DATE: _____

GRADE: _____ WHERE?: _____

"

"

NAME: _____ DATE: _____

GRADE: _____ WHERE?: _____

66

99

NAME: _____ DATE: _____

GRADE: _____ WHERE?: _____

66

99

NAME: _____ DATE: _____

GRADE: _____ WHERE?: _____

"

--- "

NAME: _____ DATE: _____

GRADE: _____ WHERE?: _____

"

--- "

NAME: _____ DATE: _____

GRADE: _____ WHERE?: _____

66

                                          99

NAME: _____ DATE: _____

GRADE: _____ WHERE?: _____

66

                                          99

NAME: _____ DATE: _____

GRADE: _____ WHERE?: _____

66

-- **99**

NAME: _____ DATE: _____

GRADE: _____ WHERE?: _____

66

-- **99**

NAME: _____ DATE: _____

GRADE: _____ WHERE?: _____

"

"

NAME: _____ DATE: _____

GRADE: _____ WHERE?: _____

"

"

NAME: _____ DATE: _____

GRADE: _____ WHERE?: _____

"

"

NAME: _____ DATE: _____

GRADE: _____ WHERE?: _____

"

"

NAME: _____ DATE: _____

GRADE: _____ WHERE?: _____

"

---   **"**

NAME: _____ DATE: _____

GRADE: _____ WHERE?: _____

"

---   **"**

NAME: _____ DATE: _____

GRADE: _____ WHERE?: _____

"

"

NAME: _____ DATE: _____

GRADE: _____ WHERE?: _____

"

"

NAME: _____ DATE: _____

GRADE: _____ WHERE?: _____

"

"

NAME: _____ DATE: _____

GRADE: _____ WHERE?: _____

"

"

NAME: _____ DATE: _____

GRADE: _____ WHERE?: _____

"

"

NAME: _____ DATE: _____

GRADE: _____ WHERE?: _____

"

"

NAME: _____ DATE: _____

GRADE: _____ WHERE?: _____

"

"

NAME: _____ DATE: _____

GRADE: _____ WHERE?: _____

"

"

NAME: _____ DATE: _____

GRADE: _____ WHERE?: _____

"

"

NAME: _____ DATE: _____

GRADE: _____ WHERE?: _____

"

"

NAME: _____ DATE: _____

GRADE: _____ WHERE?: _____

"

"

NAME: _____ DATE: _____

GRADE: _____ WHERE?: _____

"

"

NAME: _____ DATE: _____

GRADE: _____ WHERE?: _____

"

"

NAME: _____ DATE: _____

GRADE: _____ WHERE?: _____

"

"

NAME: _____ DATE: _____

GRADE: _____ WHERE?: _____

❝

--   ❞

NAME: _____ DATE: _____

GRADE: _____ WHERE?: _____

❝

--   ❞

NAME: _____ DATE: _____

GRADE: _____ WHERE?: _____

"

-- **"**

NAME: _____ DATE: _____

GRADE: _____ WHERE?: _____

"

-- **"**

NAME: _____ DATE: _____

GRADE: _____ WHERE?: _____

"

"

NAME: _____ DATE: _____

GRADE: _____ WHERE?: _____

"

"

NAME: _____ DATE: _____

GRADE: _____ WHERE?: _____

"

....
....
....
....
....
"
....

NAME: _____ DATE: _____

GRADE: _____ WHERE?: _____

"

....
....
....
....
....
"
....

NAME: _____ DATE: _____

GRADE: _____ WHERE?: _____

"

"

NAME: _____ DATE: _____

GRADE: _____ WHERE?: _____

"

"

NAME: _____ DATE: _____

GRADE: _____ WHERE?: _____

"

"

NAME: _____ DATE: _____

GRADE: _____ WHERE?: _____

"

"

NAME: _____ DATE: _____

GRADE: _____ WHERE?: _____

"

"

NAME: _____ DATE: _____

GRADE: _____ WHERE?: _____

"

"

NAME: _____ DATE: _____

GRADE: _____ WHERE?: _____

"

"

NAME: _____ DATE: _____

GRADE: _____ WHERE?: _____

"

"

NAME: _____ DATE: _____

GRADE: _____ WHERE?: _____

"

"

NAME: _____ DATE: _____

GRADE: _____ WHERE?: _____

"

"

NAME: _____ DATE: _____

GRADE: _____ WHERE?: _____

"

"

NAME: _____ DATE: _____

GRADE: _____ WHERE?: _____

"

"

NAME: _____ DATE: _____

GRADE: _____ WHERE?: _____

"

"

NAME: _____ DATE: _____

GRADE: _____ WHERE?: _____

"

"

NAME: _____ DATE: _____

GRADE: _____ WHERE?: _____

❝

❞

NAME: _____ DATE: _____

GRADE: _____ WHERE?: _____

❝

❞

NAME: _____ DATE: _____

GRADE: _____ WHERE?: _____

"

"

NAME: _____ DATE: _____

GRADE: _____ WHERE?: _____

"

"

NAME: _____ DATE: _____

GRADE: _____ WHERE?: _____

"

```
-------------------------------------------------
-------------------------------------------------
-------------------------------------------------
-------------------------------------------------
-------------------------------------------------
-------------------------------------------------
```

"

NAME: _____ DATE: _____

GRADE: _____ WHERE?: _____

"

```
-------------------------------------------------
-------------------------------------------------
-------------------------------------------------
-------------------------------------------------
-------------------------------------------------
-------------------------------------------------
```

"

NAME: _____ DATE: _____

GRADE: _____ WHERE?: _____

"

"

NAME: _____ DATE: _____

GRADE: _____ WHERE?: _____

"

"

NAME: _____ DATE: _____

GRADE: _____ WHERE?: _____

"

"

NAME: _____ DATE: _____

GRADE: _____ WHERE?: _____

"

"

NAME: _____ DATE: _____

GRADE: _____ WHERE?: _____

"

"

NAME: _____ DATE: _____

GRADE: _____ WHERE?: _____

"

"

NAME: _____ DATE: _____

GRADE: _____ WHERE?: _____

"

"

NAME: _____ DATE: _____

GRADE: _____ WHERE?: _____

"

"

NAME: _____ DATE: _____

GRADE: _____ WHERE?: _____

"

"

NAME: _____ DATE: _____

GRADE: _____ WHERE?: _____

"

"

NAME: _____ DATE: _____

GRADE: _____ WHERE?: _____

"

-- **"**

NAME: _____ DATE: _____

GRADE: _____ WHERE?: _____

"

-- **"**

NAME: _____ DATE: _____

GRADE: _____ WHERE?: _____

"

-- **"**

NAME: _____ DATE: _____

GRADE: _____ WHERE?: _____

"

-- **"**

NAME: _____ DATE: _____

GRADE: _____ WHERE?: _____

"

-- **"**

NAME: _____ DATE: _____

GRADE: _____ WHERE?: _____

"

-- **"**

NAME: _____ DATE: _____

GRADE: _____ WHERE?: _____

"

"

NAME: _____ DATE: _____

GRADE: _____ WHERE?: _____

"

"

NAME: _____ DATE: _____

GRADE: _____ WHERE?: _____

"

"

NAME: _____ DATE: _____

GRADE: _____ WHERE?: _____

"

"

NAME: _____ DATE: _____

GRADE: _____ WHERE?: _____

"

"

NAME: _____ DATE: _____

GRADE: _____ WHERE?: _____

"

"

NAME: _____ DATE: _____

GRADE: _____ WHERE?: _____

"

"

NAME: _____ DATE: _____

GRADE: _____ WHERE?: _____

"

"

NAME: _____ DATE: _____

GRADE: _____ WHERE?: _____

"

"

NAME: _____ DATE: _____

GRADE: _____ WHERE?: _____

"

"

NAME: _____ DATE: _____

GRADE: _____ WHERE?: _____

"

"

NAME: _____ DATE: _____

GRADE: _____ WHERE?: _____

"

"

NAME: _____ DATE: _____

GRADE: _____ WHERE?: _____

"

"

NAME: _____ DATE: _____

GRADE: _____ WHERE?: _____

"

"

NAME: _____ DATE: _____

GRADE: _____ WHERE?: _____

"

"

NAME: _____ DATE: _____

GRADE: _____ WHERE?: _____

"

"

NAME: _____ DATE: _____

GRADE: _____ WHERE?: _____

"

"

NAME: _____ DATE: _____

GRADE: _____ WHERE?: _____

"

"

NAME: _____ DATE: _____

GRADE: _____ WHERE?: _____

"

"

NAME: _____ DATE: _____

GRADE: _____ WHERE?: _____

"

"

NAME: _____ DATE: _____

GRADE: _____ WHERE?: _____

"

"

NAME: _____ DATE: _____

GRADE: _____ WHERE?: _____

"

"

NAME: _____ DATE: _____

GRADE: _____ WHERE?: _____

"

"

NAME: _____ DATE: _____

GRADE: _____ WHERE?: _____

"

"

NAME: _____ DATE: _____

GRADE: _____ WHERE?: _____

66

99

NAME: _____ DATE: _____

GRADE: _____ WHERE?: _____

66

99

NAME: _____ DATE: _____

GRADE: _____ WHERE?: _____

"

"

NAME: _____ DATE: _____

GRADE: _____ WHERE?: _____

"

"

NAME: _____ DATE: _____

GRADE: _____ WHERE?: _____

"

"

NAME: _____ DATE: _____

GRADE: _____ WHERE?: _____

"

"

NAME: _____ DATE: _____

GRADE: _____ WHERE?: _____

"

- -
- -
- -
- -
- -
- **"**
- -

NAME: _____ DATE: _____

GRADE: _____ WHERE?: _____

"

- -
- -
- -
- -
- **"**
- -

NAME: _____ DATE: _____

GRADE: _____ WHERE?: _____

"

                                        "

NAME: _____ DATE: _____

GRADE: _____ WHERE?: _____

"

                                        "

NAME: _____ DATE: _____

GRADE: _____ WHERE?: _____

"

"

NAME: _____ DATE: _____

GRADE: _____ WHERE?: _____

"

"

NAME: _____ DATE: _____

GRADE: _____ WHERE?: _____

"

"

NAME: _____ DATE: _____

GRADE: _____ WHERE?: _____

"

"

NAME: _____ DATE: _____

GRADE: _____ WHERE?: _____

"

"

NAME: _____ DATE: _____

GRADE: _____ WHERE?: _____

"

"

NAME: _____ DATE: _____

GRADE: _____ WHERE?: _____

"

"

NAME: _____ DATE: _____

GRADE: _____ WHERE?: _____

"

"

NAME: _____ DATE: _____

GRADE: _____ WHERE?: _____

66

99

NAME: _____ DATE: _____

GRADE: _____ WHERE?: _____

66

99

NAME: _____ DATE: _____

GRADE: _____ WHERE?: _____

"

                                              "

NAME: _____ DATE: _____

GRADE: _____ WHERE?: _____

"

                                              "

NAME: _____ DATE: _____

GRADE: _____ WHERE?: _____

"

"

NAME: _____ DATE: _____

GRADE: _____ WHERE?: _____

"

"

NAME: _____ DATE: _____

GRADE: _____ WHERE?: _____

"

                                          "

NAME: _____ DATE: _____

GRADE: _____ WHERE?: _____

"

                                          "

NAME: _____ DATE: _____

GRADE: _____ WHERE?: _____

"

"

NAME: _____ DATE: _____

GRADE: _____ WHERE?: _____

"

"

NAME: _____ DATE: _____

GRADE: _____ WHERE?: _____

"

"

NAME: _____ DATE: _____

GRADE: _____ WHERE?: _____

"

"

NAME: _____ DATE: _____

GRADE: _____ WHERE?: _____

"

"

NAME: _____ DATE: _____

GRADE: _____ WHERE?: _____

"

"

NAME: _____ DATE: _____

GRADE: _____ WHERE?: _____

"

"

NAME: _____ DATE: _____

GRADE: _____ WHERE?: _____

"

"

NAME: _____ DATE: _____

GRADE: _____ WHERE?: _____

"

"

NAME: _____ DATE: _____

GRADE: _____ WHERE?: _____

"

"

NAME: _____ DATE: _____

GRADE: _____ WHERE?: _____

"

"

NAME: _____ DATE: _____

GRADE: _____ WHERE?: _____

"

"

NAME: _____ DATE: _____

GRADE: _____ WHERE?: _____

"

"

NAME: _____ DATE: _____

GRADE: _____ WHERE?: _____

"

"

NAME: _____ DATE: _____

GRADE: _____ WHERE?: _____

"

--- **"**

NAME: _____ DATE: _____

GRADE: _____ WHERE?: _____

"

--- **"**

NAME: _____ DATE: _____

GRADE: _____ WHERE?: _____

"

"

NAME: _____ DATE: _____

GRADE: _____ WHERE?: _____

"

"

NAME: _____ DATE: _____

GRADE: _____ WHERE?: _____

"

                                              "

NAME: _____ DATE: _____

GRADE: _____ WHERE?: _____

"

                                              "

NAME: _____ DATE: _____

GRADE:_____ WHERE?:_____

"

                                      "

NAME: _____ DATE: _____

GRADE:_____ WHERE?:_____

"

                                      "

NAME: _____ DATE: _____

GRADE: _____ WHERE?: _____

"

"

NAME: _____ DATE: _____

GRADE: _____ WHERE?: _____

"

"

NAME: _____ DATE: _____

GRADE: _____ WHERE?: _____

"

"

NAME: _____ DATE: _____

GRADE: _____ WHERE?: _____

"

"

NAME: _____ DATE: _____

GRADE: _____ WHERE?: _____

"

                                      "

NAME: _____ DATE: _____

GRADE: _____ WHERE?: _____

"

                                      "

NAME: _____ DATE: _____

GRADE: _____ WHERE?: _____

"

"

NAME: _____ DATE: _____

GRADE: _____ WHERE?: _____

"

"

NAME: _____ DATE: _____

GRADE: _____ WHERE?: _____

"

-- **"**

NAME: _____ DATE: _____

GRADE: _____ WHERE?: _____

"

-- **"**

Printed in Great Britain
by Amazon